# HAN SHAN

## Lieder aus der Stille
### alten des chinesischen „Meisters vom Kalten Berge"

*Nachgedichtet und mit einer Einleitung versehen von*
*Reiner Schrader*

AF191509

Herstellung: Libri Books on Demand
ISBN 3-89811-307-8

# Lieder aus der Stille
**des alten chinesischen „Meisters vom Kalten Berge"**

# Zum Verständnis der Gedichte

Sich mit den Gedichten des Han Shan zu beschäftigen hat seinen besonderen Reiz. Das liegt zunächst daran, dass ihre Enstehungsgeschichte ebenso wie die Lebensumstände ihres Verfassers weitgehend im Dunkeln liegen. In der trotz ihres hohen Alters und ihrer erstaunlichen Fülle so gut überlieferten chinesischen Literatur muss allein dies ins Auge fallen. Von den rund 360 Gedichten, die in verschiedenen Ausgaben unter dem Titel Hanshanshi ("Gedichte des Han Shan") kursieren, werden gut 300 dem Han Shan zugeschrieben. Dabei handelt es sich um einen Dichter, der sich vielleicht um die Mitte des 7. Jahrhunderts auf einen Gipfel namens Han Shan des Tiantai- Gebirges in der in Mittelchina gelegenen Provinz Zhejiang zurückzog und nach diesem Hanshanzi ("Meister vom Kalten Berg") genannt wurde.

Widersprüche in den Gedichten haben allerdings zu der "homerischen" Frage geführt, ob sie überhaupt von einem einzigen Verfasser stammen und nicht vielmehr aus verschiedenen Epochen der Tang-Zeit (618 - 906) (so bei Helwig Schmidt-Glintzer; Geschichte der chinesischen Literatur, Bern-München-Wien 1990, S. 270). Gerade diese Ungereimtheiten aber scheinen mir den Versen ihre besondere Note, ihre besondere menschliche Färbung zu geben. Man bedenke: Es handelt sich im Grunde um religiöse Dichtung. Der Autor hat Familie, Heim, Freunde verlassen, um sich in die Einöde der Wälder und Berge zu verkriechen. Als Klausner will er ein Leben nach den Grundsätzen des Daoismus führen.

Zentralbegriff dieser Lehre ist das Dao, der "Weg", ein Wort, das in der chinesischen Philosophie den Lauf der Natur bezeichnet - ihre ewigen, unabänderlichen Gesetze. Anders aber als der Konfuzianismus, der diese kosmische Ordnung vor allem als ethische Norm für das soziale Zusammenleben der Menschen begreift und ihr im Korsett starrer Riten und Konventionen Ausdruck verleihen will, gilt sie dem Daoisten als geheimnisvoller, alles durchwirkender Urgrund der Welt, dem man mystisch nachzuforschen und praktisch nachzuleben hat. Er will - wie der Konfuzianer -, dass die Menschen in Harmonie miteinander leben und in Harmonie mit der Welt. Aber er glaubt nicht, dass dies durch kulturelle Leistungen und zivilisatorischen Fortschritt - also durch aktives Gestalten seiner Umwelt und Lebensverhältnisse - zu erreichen sei: Der Verlust der Natur ist ihm der Verlust der Unschuld, die Quelle allen Übels. Deshalb schon hier das Rousseau'sche "Zurück zur Natur!" - weg von der leeren, streitsüchtigen Geschäftigkeit unserer täglichen Verrichtungen zum "Gewährenlassen" (wuwei) der Dinge so, wie sie sind. Das meint einerseits die freie Natur fernab vom Getriebe der Städte, Hütten und Paläste, in der man sich dauerhaft zu einfachem, genügsamem und beschaulichem Leben einrichtet. Es bedeutet aber ebenso die eigene menschliche Natur, der man wieder den Vorrang vor den Zwängen gesellschaftlicher Formen und Pflichten einräumt – ziran ("Ungebundenheit, Spontaneität") heißt das Zauberwort, das dieses Ideal der "Natürlichkeit" umschreibt.

Dies ist, würde man heute sagen, die Haltung von Aussteigern und Verweigerern. Nur dass hier das religiöse Element nicht fehlt: Inmitten einer unberührten Natur, losgelöst von allen gesellschaftlichen Bindungen und Zielen, erfährt der daoistische Einsiedler in mystischer Versenkung sein Einssein mit dem kosmischen Ganzen. Und in dieser Vereinigung sieht er den Schlüssel zur Unsterblichkeit.

Vor diesem Hintergrund muss man sich nicht wundern, dass in die Gedichte immer mehr auch buddhistische Gedanken einfließen. Dem Buddhismus sind ja Weltflucht, Askese und Versenkung als Vorbereitung auf das Nirwana, das Erlöschen der Begierden und damit der Wiedergeburten, ebenso geläufige Vorstellungen wie dem Daoismus. Und gerade das Tiantai-Gebirge, das unwegsame Refugium unseres Poeten, war die Keimzelle einer der großen, einflussreichen buddhistischen Strömungen. Von hier nahm im 6. Jahrhundert die Tiantai - Sekte (jap.: Tendai) ihren Ausgang, deren Lehre kurz besagt: Alles, was es gibt, ist eine Erscheinungsweise des einen Buddha-Wesens; auch dem Menschen eignet dieses Wesen, diese ursprüngliche Buddha-Natur, und wer immer dies erkennt, kann erlöst werden. Dieses Erkennen soll sich vor allem durch Zuoshan (jap.: Zazen), durch "im Sitzen geübte Versenkung", vollziehen, eine Praxis, die uns in Han Shans Versen neben den genannten Leitvorstellungen der Sekte auf Schritt und Tritt begegnet.

Wer sich nach alledem nun auf erbauliche Kirchenlieder zum Lobe des Höchsten gefasst macht, sieht sich angenehm enttäuscht. Die Heilsgewissheit, die uns vor allem aus den letzten Gedichten entgegentritt, ist kein durchgehendes, mit allen Ölen naiver Selbstgerechtigkeit gesalbtes Hosianna. Sie muss erst mühselig erworben, tausenderlei Anfechtungen abgerungen werden. Selbstzweifel, Leiden an der ständigen Einsamkeit, Rührung angesichts alter Erinnerungen, Klagen über die rasch verrinnende Zeit, Anflüge von Altersresignation - das sind solche immer wieder poetisch vorgebrachten Hindernisse, die wie mächtige Felsstürze auf dem Weg zum Gipfel unerschütterlicher Erkenntnis liegen. Dass Han Shan sie nicht verschweigt, dass er uns sein Seelenleben in seinem Auf und Ab von heiterer Gewissheit und banger Skepsis vorbehaltlos aufschließt, macht seine Gedichte zu mehr als Beispielen stereotyper Eremiten-Doxologie - nämlich zu lebendigen Zeugnissen eines Menschen, der ernsthaft, mit empfindsamem Herzen und bohrendem Verstand nach dem rechten Weg gesucht hat.

Die chinesische Literaturkritik hat dies im Allgemeinen nicht so gesehen und Han Shans Gedichte – meist acht Zeilen zu fünf Wörtern – als unbedeutend abgetan. Entsprechend spät wurden sie im Westen bekannt: Erst in den 50er Jahren, als eine junge, sinnsuchende Generation sich die Weisheiten des Fernen Ostens erschloss.

Han Shan-Gedichte wurden zum ersten Mal ins Englische übersetzt von Burton Watson; Cold Mountain. 100 Poems by the T'ang Poet Hanshan, New York 1962. Ins Deutsche von Stephan Schuhmacher, Han Shan. 150 Gedichte vom Kalten Berg, Düsseldorf - Köln 1974. Diese Ausgabe(die 2. Auflage 1977) habe ich - auch was Umfang und Reihenfolge der Gedichte betrifft - zur Grundlage für eine Neuübersetzung genommen.

Warum? Zunächst stimme ich Schuhmacher zu: Eine Übersetzung ist immer nur eine mehr oder minder gelungene Annäherung an das Original. Das gilt besonders für das Chinesische: Die Prägnanz des Ausdrucks, die Sprachmelodie, der Rhythmus des Versmaßes, die vielfältigen Assoziationen, die die Schriftzeichen erwecken - das alles sind Dinge, die jede Übertragung äußerst knifflig und wohl auch immer zu einem Verlustgeschäft für den machen, der den Text nicht in der Ursprache lesen kann und genießen. Um so dankenswerter denn auch seine Arbeit, die solche Tücken gemeistert und den Sinn des Han Shan Textes sorgfältig vermittelt hat.

Keineswegs teile ich aber seine Ansicht: "Der Versuch mancher früherer Übersetzer chinesischer Poesie, wenigstens den Endreim beizubehalten (die geradzahligen Zeilen der Gedichtformen, die Han Shan benutzt, haben einen Endreim), ist heute nicht mehr legitim. Der Reim wirkt auf den Leser des späten 20. Jh. meist etwas komisch, ein Effekt, den er im Original sicher nicht hatte. Zudem zwingt die Beibehaltung eines Reimes in der Übersetzung oft zu Vergewaltigungen des Sinngehaltes, der, bei der völligen Vernachlässigung der Form des Originals, wenigstens so nuanciert wie möglich wiedergegeben werden sollte" (a.a.O., S. 11). Denn: Han Shan hat Gedichte geschrieben und keinen religiösen Traktat oder das Tagebuch einer Seele, die auf dem steinigen Weg zu Gott geht. Und er hat sich des Reimes bedient, wohlwissend, dass sich das Mysterium des Numinosen eher in den rosigen Wolken der Poesie als auf dem trockenen Erdreich des Räsonnements erschließt.

Ich halte den Reim nach wie vor für den sichersten Garanten einer poetischen Stimmung, die eben das heraufbeschwört und begreifen lässt, was sich nicht explizit, sondern nur in der Annäherung über Gefühle und Symbole wiedergeben lässt. Und ich bin optimistisch genug zu meinen: Richtig eingesetzt, wird der rhythmische Gleichklang der Endungen auch im "späten 20. Jahrhundert" seine stimmungsvoll anrührende Wirkung nicht verfehlen. Das wäre im Sinne der Form, die das Original hat. Und das wäre auch im Sinne eines im hintersten Winkel der Welt Hausenden, dem die schöpferische Lust am klingenden Wort wohl nicht zuletzt auch Kraft und Trost in seiner Einsamkeit gespendet hat.

Dass dabei der Inhalt nicht unnötig leiden muss, habe ich mit meiner Version, der es also in erster Linie um das Poetische geht, ebenfalls zu beweisen versucht. Wie immer andere diesen Versuch bewerten mögen: Es lohnt sich in jedem Fall, dieser legendären Gestalt des Han Shan und ihrem poetischen Ringen wieder einmal Gehör zu schenken.

## 1

Ein hübsches Erbe hab ich seinerzeit erhalten,
was auf dem Lande hier doch keinen Neid erregt.
Mein Weib lässt, klipp und klapp!, das Weberschiffchen walten,
die Kinder spiel'n und plappern, plappern unentwegt.

Ich klatsche in die Hände, und die Blüten hüpfen,
das Kinn gestützt, lausch ich der Vögel Melodei'n.
Gibt wer die Ehre mir, unter mein Dach zu schlüpfen?
Der Mann, der Holz haut, schaut gelegentlich herein.

## 2

Das Strohdach zeigt: Hier müssen Leut' vom Lande leben -
wie selten sieht man Pferd und Wagen vor dem Tor!
Die dunklen Wälder gastlich sich nur Vögeln geben,
das tiefe Tal behalten sich die Fische vor.

Ich geh gewöhnlich mit den Kindern 'in die Beeren',
mit meiner Frau, da wird das Feld am Hang gepflügt.
Wie es im Haus ist? Nun, was soll ich da erklären?
Ein Bettgestell gibt's bloß, das sich vor Büchern biegt.

## 3

Die Mandarinenten, wie in der Nacht sie weilen:
Das Weibchen schmiegt ganz eng sich an des Männchens Seit,
sie rupfen Blätter, jeden Bissen treu zu teilen,
und putzen eins dem anderen sein Federkleid.

Bis in die Wolken sich umkreisend auf sie steigen,
zum Schlafen wiederkehrn ins stein'ge Uferreich.
Wie zärtlich von Natur, wie fröhlich sie sich zeigen -
und trachten nicht dem Phönixpaare nach dem Teich!

**4**

Im Sommer, wenn die Bauern vor der Hitze fliehen,
wer hätte Lust, mit mir ein wenig Wein zu teiln?
Hab Beeren ausgelegt von allen, die gediehen -
und dennoch muss allein ich vor dem Kruge weiln.

Was brauche ich 'ne Matte, kann auch Stroh mir nützen!
Bananenblätter sind als Teller mir genug.
Hock ich im Rausch, die Hände hoch, das Kinn zu stützen,
scheint mir der höchste Berg ein Bolzen bloß im Flug!

Gern würd die Pflaumenblüte noch den Sommer sehen,
doch ungeduldig zerrt der Wind sie fort, die Zeit.
Wie sehr nach wem wir aus dem Altertum auch spähen,
es ist kein einziger zu finden weit und breit.

So welken Tag für Tag die Blüten und sie fallen,
gehn Jahr für Jahr die Menschen ohne Wiederkehr.
Wo Staub heut' aufsteigt, um zu Wolken sich zu ballen,
lag irgendwann einmal, so sagt man wohl, das Meer.

## 6

Im Ort sind Mädchen - die mit feingeschwungnen Brauen!
O wie die Schellengürtel klimpern, wie sie klirrn!
Vor Blüten kann man Papagei'n, die flöten, schauen,
und Lautenklänge hört man auf zum Monde irrn.

Ach, mag ein Lied wohl noch ein Weilchen weiterklingen,
zehntausend Gaffer sammeln sich zu flücht'gem Reihn -
sie können ihre Zeit nicht ewig so verbringen:
Beim ersten Frost gehn diese zarten Pflänzchen ein.

In Han Tan, sprach sie, bin ich eigentlich zu Hause,
man hört es sicherlich noch meiner Stimme an.
Komm bitte doch zu mir in meine stille Klause,
in aller Ruh sing ich die alten Lieder dann.

Du hast getrunken und kannst so doch heim nicht gehen,
bleib hier, die Sonne zeigt noch nicht mal Mittagszeit,
wirst eine bunt gestickte Decke bei mir sehen,
die übers Bett, das silbern schimmert, ich dir breit.

## 8

Wenn klein die Seidenraupen noch in Märzestagen,
zum Blumenpflücken geben Mädchen mir die Ehr:
Da an der Mauer gehn sie Schmetterlinge jagen,
und Steine werfen sie dem Teichfrosch hinterher.

Sie sammeln Pflaumen in die Ärmel, ihre weiten,
mit goldnen Nadeln wühl'n sie Bambussprossen aus.
Über Geschmack lässt sich zwar ohne Ende streiten -
doch hier ist's offensichtlich schöner als zu Haus.

Den goldenen Pirol hör übern Blüten flehen:
Kuan! Kuan! So geht sein herzergreifender Gesang.
Ein Mädchen, schön wie helle Jade anzusehen,
stimmt darin ein mit ihrem dunklen Lautenklang.

Oh, dass sie beide ihres Spiels nicht müde werden -
wie zärtlich man doch fühlt in seiner Jugendzeit!
Die Blüten falln, die Vögel sich zerstreun auf Erden,
und eh der Herbstwind weht, weint Tränen sie vor Leid.

Gevatter Chung, der lebte nördlich vor den Toren -
sein Haus war reichlich stets mit Fleisch und Wein bestückt;
und damals, als er seine liebe Frau verloren,
da haben sich die Trauergäste fast erdrückt.

Inzwischen ist der Alte selbst dahingegangen,
doch niemand kam, dass er gebührend ihn bewein.
Die seine Becher leerten, seinen Braten schlangen -
wie herzlos zeigen sie sich alle, wie gemein!

Solange ich im Dorfe lebte, auf dem Lande,
nur allerhöchstes Lob ich immer mir gewann!
Doch kaum kam in die Hauptstadt gestern ich, o Schande!,
da sahen selbst die Gassenköter schief mich an!

Hier muss wer spöttisch auf die enge Hose pochen,
da lästert einer, dass zu tief die Jacke fällt -
ach, sind dem Sperber erst die Augen ausgestochen,
wie würdig flattern dann die Spatzen durch die Welt!

## 12

Wenn du mal Wein hast, hole mich, dass wir ihn teilen!
Hab ich zu essen, lad ich dich dafür zu Tisch.
Wir alle müssen einst hinab zum Orkus eilen -
darum nur zu, solange wir noch jung und frisch!

Ein Gurt selbst voll Juwelen kann nicht ewig funkeln,
der goldnen Nadel Glanz, er bleibt nicht unversehrt.
Verlor der beiden Alten Spur sich nicht im Dunkeln?
Von Chang und Cheng hat niemals wieder man gehört.

## 13

Der edle Tung', er pflegte schon in jungen Jahren
bei Hofe in der Hauptstadt ein- und auszugehn.
Im daunengelben Hemde konnt man ihn gewahren,
wie ein gemaltes Bild, so war er anzusehn.

Ein Ross mit weißen Läufen hat er stets geritten,
so windschnell, dass es wirbelnd roten Staub entflammt -
die Leute auf der Straße sah'n ihm nach und stritten,
aus was für einem Hause so ein Mensch wohl stammt.

1 Der schöne Tung Hsien, der es als Günstling des Kaisers Ai (6 - 1 v. Chr.) der frühen Han-Dynastie bis zum Großmarschall brachte. Als er nach dem Tod des Kaisers seines Amtes enthoben wurde, beging er Selbstmord.

## 14

Ich denke doch mich auf den Amtsstil zu verstehen,
nur: Eine gute Stelle, die blieb mir versagt.
Der dafür auswählt hat's wohl auf mich abgesehen,
da stets und ständig er bei mir nach Fehlern jagt.

In dieser Sache scheint das Schicksal mitzuspielen,
drum geh zur Prüfung ich auch diesmal unbedingt.
Lass einen Blinden auf des Spatzen Auge zielen:
Vielleicht, dass doch ein Treffer ihm mit Glück gelingt!

## 15

Wenn es was Angenehmes gibt, du, lass es nicht verjähren,
dass man nicht einen einz'gen Augenblick vergeud!
Des Menschen Leben, heißt's, soll hundert Jahre währen,
doch wer hätt sich der ganzen Spanne je erfreut?

Was sind in dieser Welt wir nur für flücht'ge Wesen!
Verschwende nicht die Zeit mit Zänkerei'n ums Geld!
Am Schluss des Buchs der Kindespflicht[1], da kannst du lesen,
wie man's einmal mit deiner Totenfeier hält.

---

1 Hsiao Ching, dem Konfuzius und seinem Schüler Tseng T'san zugeschrieben, aber wohl erst später entstanden.

## 16

Es gibt wohl Menschen, die sich um 'nen Pfennig streiten,
hingegen mir stand nie nach Knickrigkeit der Sinn,
mein Kleid ist dünn von tänzerischen Lustbarkeiten,
mein Weinkrug leer, weil ich beim Sang stets durstig bin.

Seid stets drauf aus, mit vollem Bauche zu genießen,
doch euch die Hacken abzulaufen ja nur scheut!
Wenn euch die Gräser erst durchs Dach des Schädels sprießen,
kann's nämlich sein, dass so was euch von Herzen reut.

Was für ein schmucker Kerl, und so was von Manieren!
Und wie beschlagen in Geschichte, Lit'r'atur!
Hört "Herr Professor" alle Welt ihn titulieren
und von ihm reden als von dem "Gelehrten" nur!

Doch hat's noch nicht gebracht zu Ämtern und zu Rängen,
versteht indes sich auch auf Acker nicht und Pflug;
und winters muss er sich in schäb'ges Leinen zwängen -
das mit den Büchern war wohl nichts als Selbstbetrug!

## 18

Nicht einmal hundert Jahre lebt so'n Menschenwesen
und härmt sich ständig, als ob's glatte tausend wärn.
Kaum ist von seinen eignen Sorgen er genesen,
dass ihn schon die von Kind und Kindeskind beschwern!

Jetzt gilt's, dass er des Reises frische Pflänzchen sichte,
und nun schon, dass er zu den Maulbeerbäumen eil -
ach, geh und wirf ins Ostmeer deine Wäggewichte:
Wenn sie am Grund sind, dann wird Frieden dir zuteil.

## 19

Als Kind bin ich zum Pflügen mit 'nem Buch gegangen,
beim ältren Bruder hab ich damals schon gelebt.
Es wusste mit mir niemand je was anzufangen,
selbst meine Frau war stets zu meiden mich bestrebt!

Drum musste  von der Welt des Staubs ich mich befreien,
zieh durch die Lande, lese, was mich int'ressiert.
Kann keiner denn dem Fisch 'ne Kelle Wasser leihen,
der, in der Wagenspur gefangen, fast krepiert?

---

1 Vgl. Zhuang Zi, XXVI, 2

## 20

Auf einem alten Friedhof, ach - und tief betroffen
über die Toten und die Lebenden ich wein!
Die Gräber wüst, die gelben Kisten alle offen,
durch die zerbrochnen Bretter schimmert weiß Gebein.

Verstreut ringsum und umgestürzt die Urnen liegen,
und alles, was nur irgend wert, es ward zum Raub!
Da seh ich plötzlich einen Windstoß drüberfliegen
und wie die Asche wirbelnd sich vermischt mit Staub!

Im großen Saal ein Fest, den Reichen angemessen,
die Lampions, sie flackern und sie funkeln ungezählt -
da kommt wer, der nicht mal 'ne Kerze je besessen
und sich zum Schau'n den Rand der Helligkeit erwählt.

Wie man ihn gleich verjagt mit Stößen und mit Schüben!
*Ein bisschen dalli da ins Dunkel dich verzieh!*
Nur *ein* Mensch mehr, würd der den ganzen Glanz denn trüben?
Unglaublich - selbst mit ihrem Lichte geizen sie!

Ich kam noch nie mit meinem Geld so recht zu Rande,
doch jetzt leid ich der Not und Kälte Bitternis.
Was immer ich auch tu, ich bringe nichts zustande,
wohin ich mich auch wend', ich störe ganz gewiss.

Im Matsch muss ich mich immer auf die Nase legen,
sitz ich mit  Leuten, macht mein Magen stets Gebrumm.
Jetzt ist auch noch mein Tigerkätzchen fort, deswegen
schleicht's Rattenvolk um meinen Reiskrug mir herum.

## 23

Ach, Armut nur und nirgends Trost, sie zu ertragen!
Verwandte, Freunde - niemand, der mir jemals nah.
Im Vorratskrug, wie lang da keine Körner lagen,
wie oft ich nicht im Kochtopf dichten Staub nur sah!

Nicht mal dem Regen kann im Hüttchen ich entgehen -
aufs Bett er tropft, auf den gequälten Leib herab.
Aus Haut und Knochen schein ich nur noch zu bestehen -
bei solchem Elend, ach, wer wär nicht krank und schlapp?

"Seht euch den Bauernlümmel an", hör ich sie lachen,
„was für ein grobes, ungestaltetes Gesicht!
Mit seinem Mützchen kann er keinen Staat hier machen,
und auch so eng den Gürtel schnüren schickt sich nicht."

Nicht dass ich keine Ahnung hätt von Modedingen,
doch um da mitzuhalten, braucht es eben Geld.
Wenn eines Tags die Münzen reichlicher mir klingen,
zeig ich mit Hüten, hoch wie Türme, mich der Welt!

## 25

Gewisse Leute prahlen damit, wie sie leben,
fühln Kong und Zhou sogar sich größer an Talent -
doch wie verbohrt und stur sie an den Dingen kleben,
wie ungehobelt, was man ihr Benehmen nennt!

Nicht mal ein Seil vermöchte sie vom Fleck zu bringen,
'ne Ahle nicht, mit der man ordentlich sie piekt -
wie Herrn Yangs Kranich', der sich weigerte zu springen,
so blöd hat man sie wohl schon in die Welt gewiegt!

---

1 Dieser Kranich konnte tanzen, wie sein Herr sich brüstete, aber von den
Leuten um eine Probe gebeten, rührte er sich nicht vom Fleck.

## 26

Man soll nicht gegen Fehler andrer Leute streiten;
der eignen Tugenden sei rühmend nicht gedacht;
wird man gebraucht, dann ist es gut, zur Tat zu schreiten,
wo nicht - sich ohne Aufsehn aus dem Staub gemacht!

Wer groß an Geld, den große Pflichten auch beschweren;
tiefsinn'ge Rede ist auch nie des Schlichten bar:
Derart'ge Sprüche' kann man öfter plappern hören -
sind diese Dinge denn nicht jedem Kinde klar?

1 Die sprichwörtlichen Verhaltensregeln, die hier aufs Korn genommen werden, entstammen konfuzianischen Schriften.

Da wohnt ein Mütterchen im Osten um die Ecken,
dem kam vor ein paar Jahren plötzlich Geld ins Haus -
musst früher mehr als ich sich nach der Decke strecken,
jetzt lacht sie, weil ich keinen Pfennig hab, mich aus.

Demnach scheint sie sich für was Bess'res nun zu halten,
ich aber  kann nur lachen, weil das Zufall war.
So wird  denn  nichts als Lachen zwischen uns wohl walten:
Sie lacht im Osten, ich im Westen immerdar.

Hab mit den Drei Historien mich geplagt - vergebens,
umsonst auch über den Fünf Klassikern geschwitzt -
bleib' Prüfer gelber Zensuslisten zeit des Lebens
und einer, der an weißen Steuerbögen sitzt.

Befrag ich das Yijing, gibt's mir nur schlechte Zeichen,
mein Schicksal wird von einem bösen Stern regiert:
Nie werde ich wohl jenem Baum am Flusse gleichen,
der Jahr für Jahr mit frischem Grün sich wieder ziert.

Durch vieles Lesen, kann man da dem Tod entgehen?
Durch vieles Lesen, kann man sich vor Armut fei'n?
Warum nur will aufs Lesen jeder sich verstehen?
Nun ja: Es lässt dich andern überlegen sein.

Wem, sei er noch so hell, die Zeil'n sich nicht erschließen,
der findet keinen Unterhalt in dieser Welt -
man muss sein heilend Kraut daher ein wenig süßen,
dass man vergisst, wie bitter es darum bestellt.

30

Vom Unglück nur verfolgt: die armen Literaten -
ob Hunger oder Kälte - uns trifft's mit aller Macht.
0 wieviel Zeit wir opfern den poet'schen Taten,
mit tiefster Inbrunst beim Gekritzel zugebracht!

Doch wer will was von solchen Hungerleidern wissen?
Darum hilft uns kein Jammern und kein Lamentiern:
Selbst wenn wir schrieben auf den feinsten Leckerbissen -
nicht mal ein Straßenköter käme sie probiern!

Das neue Korn war unreif und noch nicht geschnitten,
indes das alte schon verzehrt war und dahin,
da ging ich los, ein Maß auf Borg mir zu erbitten,
stand vor des Nachbarn Türe mit verleg'nem Sinn.

Der kam heraus und riet mir, seine Frau zu fragen.
Fragt meinen Mann!, wies diese ihrerseits mich ab:
Zu geizig, dem zu helfen, den die Sorgen plagen,
sind desto dümmer sie, je größer Scheun' und Schapp!

## 32

Seitdem im Amt, muss ich nur Lästiges bestreiten,
dass vor Geschäftigkeit ich schon nicht selbst mehr bin -
doch komm ich noch nicht los von den Gepflogenheiten,
dreh meine offiziellen Runden weiterhin.

Ging gestern, wegen eines Xü zu kondolieren,
und heute war des Herren Liu Begräbnis Muss -
sich Tag für Tag in solchen Dingen zu verlieren,
da wächst im Herzen doch allmählich der Verdruss!

## 33

Oft muss ich an die Tage meiner Jugend denken,
als in der Gegend von Ping Ling ich gern gejagt.
Regierungsamt? Das könnt ihr, meine Herrn, euch schenken!
Nicht nach der Götter Leben hätte ich gefragt.

Wie oft bin auf dem Schimmel ich umhergeritten,
ließ jubelnd meinen Falken auf die Hasen los -
ach, unversehens ist dies alles mir entglitten,
bin alt, und keiner kümmert sich um mich noch groß.

Sieh dort inmitten grünen Laubs die Blüten hangen,
wie lange, glaubst du, dass wohl diese Pracht noch währt?
Heut müssen sie vor einem, der sie abpflückt, bangen
und morgen schon vor dem, der sie zusammenkehrt.

Wie lieblich in der Jugend wir zu träumen pflegen,
und wie vergehn die Jahre, bis wir alt, geschwind!
Den Blütenmaßstab gilt es an die Weit zu legen -
dass Rosenwangen leider nicht von Dauer sind.

Mit Schrift und Schwert bin ich einst durch das Land gezogen,
drei große Herrscher haben unterdes regiert.
Im Ost war man mir als Beamtem nicht gewogen,
im West ich als Soldat mit keinem Rang geziert.

Die schönen Künste lernt ich und das Kriegsgewerbe –
auch umgekehrt wär es mit gleichem Recht gesagt -,
doch bin ich nichts geworden - Greis nur, dass ich sterbe,
und was mal von mir bleibt? Nicht wert, dass einer fragt.

36

Der weiße Kranich¹ macht nur alle tausend Meilen
mit seinem Pfirsichzweig' im Schnabel einmal Rast,
ins Märchenland Peng Lai³, ins sel'ge, wollt er eilen,
als Nahrung diente ihm ambrosisch dieser Ast.

Noch nicht am Ziel, sind ihm die Federn ausgegangen,
wie traurig er's auf einmal fern den Seinen fand -
doch heim, um nach dem alten Neste zu verlangen,
da haben Weib und Kinder ihn nicht mehr gekannt.

1 Der Kranich als Inbegriff grenzenloser Freiheit ist Sinnbild für das Buddha-
  Wesen.
2 Der Pfirsich gilt als Speise der Unsterblichen.
3 Eine Insel der Seligen im östlichen Meer.

Auf noblem Ross, mit Peitschen, die Korallen zieren,
so preschen nach der Hauptstadt sie den Weg, Loyang[1].
Wie protzig diese jungen Gecken sich aufführen -
noch denken sie im Traum nicht an der Zeiten Gang!

Doch bald schon werdet, ach, ihr weiße Haare kriegen,
die Zeit der roten Wangen geht so schnell vorbei!
Seht ihr am Fuße des Po Mang die Gräber liegen?
Das ist das wahre Paradies - das ist Peng Lai!

---

1 In der Provinz Honan am Lo-Fluss gelegen; war - zum ersten Mal 771 v. Chr. - während neun Dynastien, teilweise mit anderen Städten gemeinsam, Chinas Hauptstadt (vor allem in der späteren Han-Zeit, 25 - 220 n. Chr., in der Sui-Zeit, Anf. 7. Jh., in der Tang-Zeit, 7. - Anf. 10. Jh.).

## 38

Ein Mann, mit klarem Kopf und kräft'gem Leib versehen,
und der in allen Fertigkeiten sattelfest:
Wenn er sich südwärts wendet, muss nach Nord er gehen,
sieht sich im Osten plötzlich, will er doch nach West.

Wie Tang im Meere ohne Halt umhergetrieben,
wie dürre Gräser ohne Rast und Ruh im Wind -
soll ich euch sagen, wer er ist, der hier beschrieben?
Nun, "Armut" nennt man ihn gewöhnlich, "Elendskind".

## 39

Im Abenddämmer seh ich ein paar Mädchen springen,
der Wind weht übers Pflaster ihren Duft mir her,
die Röck' geschürzt mit goldnen Spangen, Schmetterlingen,
im Haar die Nadeln grüner Jade-Enten schwer.

Die Kammerzofen - was für rote Seidenmassen!
Und die Eunuchen - was für eine Purpurpracht!
Man starrt mich an, als hätt ich meinen WEG verlassen:
Mit weißen Schläfen *so* noch für die Welt entfacht!

## 40

Wie rastlos, rastlos wechseln doch die Jahreszeiten!
Das Jahr geht hin, schon zieht ein anderes herauf,
um wieder Blühen und Vergehen zu bereiten -
unwandelbar am Himmel nur der Sterne Lauf.

Wird's hell im Osten - Dunkel muss im West entstehen;
fällt eine Blüte, sprießt die nächste schon empor -
nur die, ach, die jetzt zu den Gelben Quellen gehen,
die gehn für immer durch das große, schwarze Tor.

Warum kann man mich immer so verzweifelt sehen?
Ach, gleicht dies Leben nicht dem flücht'gen Pilz im Wald?
Nicht mal ein paar Jahrzehnte mag er überstehen -
so welken auch die Menschen und vergehen bald.

Daran zu denken lässt das Herz mir schier erbeben,
vermag sie kaum noch zu ertragen, diese Pein.
Was tun? Was tun? Kann mir denn keiner Antwort geben?
Zum stillen Berg zurück, vom Leib dich zu befrein!

## 42

Das Sonnenlicht hab ich erblickt vor dreißig Jahren,
bin Tausende von Meil'n gewalzt von Ort zu Ort,
vom grün gesäumten Strom des Yangzijiang gefahren
bis zu der Grenzgebiete rotem Staub im Nord.

Hab fruchtlos was gebraut, dass ich unsterblich werde,
die Klassiker und die Historien studiert -
nun bin ich wieder heim, auf meines Han Shan Erde,
wo sich im Äther, rein, der Ruf der Welt verliert.

## 43

Wenn ich bedenke, was ich früher so getrieben -
von einer Lustbarkeit zog's mich zur nächsten fort!
Erklomm der Berge höchste Gipfel nach Belieben,
befuhr die Flut an ungezählter Boote Bord.

In diesem Tal hab ich ein Abschiedsfest gegeben,
auf jener Insel hat man meinem Spiel gelauscht -
kaum glaublich, unter diesen Föhren nun zu leben,
die Knie umklammert, da es fröstelnd mich umrauscht.

## 44

Das Los beschied mir, dass ich mich der Wildnis weihe,
dem Tiantai - muss ich mehr zu sagen mich bemühn?
Durch nebelkalte Schluchten gell'n der Affen Schreie,
das Grastor eint sich mit des Heilgen Berges Grün.

Ich pflücke Blätter, um mein Hüttchen mir zu decken,
grab eine Grube, frisches Nass nicht zu entbehrn.
Vom ew'gen Streit der Welt lass ich mich nicht mehr schrecken -
von Farnkraut will ich mich den Rest des Lebens nährn!

## 45

Dem Spiel der Vögel habe ich mich hingegeben,
jetzt sitz in meinem Hüttchen ich, das grasgedeckt.
Die wilden Kirschen rot sich aus den Blättern heben,
die Weidenruten hängen fiedrig ausgestreckt!

Am Rund der Morgensonne schwarze Grate nagen,
im See, im grünen, schwimmen Wölkchen munter hin -
versteht ihr, dass der Welt des Staubes zu entsagen,
zum Südhang des Han Shan ich hier gekommen bin?

## 46

Den höchsten Klippen lieg ich einsam hier zu Füßen,
wo nicht mal mittags sich die Nebelmasse teilt.
Kann ich im Hüttchen auch die Sonne kaum begrüßen,
bin ich der Welt und ihrem Lärme doch enteilt.

Im Traume fand ich mich noch unter gold'nen Toren,
doch kehrte meine Seele heim ins Feisennest.
Hab allem Kram, dem überflüss'gen, abgeschworen -
die Wasserkelle selbst, sie klappert im Geäst.

## 47

Ich bin dabei, den Han Shan-WEG hinaufzusteigen -
die Meilen vor mir, ach, sie scheinen ohne Zahl!
Die Schlucht entlang, wo sich nur Steine, Steine zeigen,
durch nebeldunkles Gras im weitgestreckten Tal.

Auch ohne Regen sieht das Moos man glitschig glänzen,
die Kiefern knarr'n, und doch kein Lüftchen weit und breit!
Wer schafft's, zu überwinden des Gewohnten Grenzen,
dass er den Wolken gleich mit mir sein Herz befreit?

Rings bieten sich dem Blick die herrlichsten der Fluren,
und Berge, jadegrün, im Morgenrotgeleucht;
der Nebel tupft mir auf die Baumwollmütze seine Spuren,
der strohgeflochtne Umhang ist vom Taue feucht!

Wie leicht lässt es sich in den Pilgerschuhen gehen!
Der alte Wanderstab liegt fest mir in der Hand.
Nun, da ich mehr schon als die Welt des Staubs gesehen,
hab ich mich ganz von diesem Trugbild abgewandt.

Wie ich mich freue, schlicht des Alltags WEG zu gehen
in einer Grotte unter dunst'gem Rankengrün,
mein ungestümes Herz mit Fesseln nicht versehen,
und immer müßig wie die Wolken, die da ziehn.

Da ist kein Pfad, mich mit der Welt noch zu verbinden,
hab keinen Wunsch - als ob sich irgend etwas lohnt!
Auf dem Plateau kann man mich einsam sitzen finden,
wenn sacht sich überm Han Shan hebt der volle Mond.

## 50

Der Mensch, muss er in Dunkelheit und Staub nicht hausen
so wie ein Käfer, den's in ein Gefäß verschlug?
Er krabbelt Tag für Tag im Kreise, ohne Pausen,
und kommt doch nie und nimmer raus aus seinem Krug!

Wird nie der Götter ew'ge Seligkeit genießen,
zu vieles zieht ihn zu der Welt hin mit Gewalt -
die Monate, die Jahre, ach, sie fließen, fließen,
und ehe er sich noch versieht, da ist er alt.

## 51

Was hat der Sorgen, will sich einer nur bereichern!
Er kann nur schachern und für gar nichts dankbar sein.
Selbst wenn der Reis ihm schon verfault in seinen Speichern:
Nicht einen Scheffel würd er jemand davon leihn.

An nichts als an Profit, Profit kann er noch denken,
kauft Schund, als "beste Ware" ihn zu deklariern.
Wenn den sie eines Tages in die Grube senken,
dann kommen sicher Fliegen nur zum Kondoliern.

## 52

Hat wer 'nen Bauernhof mit großen Maulbeergärten
und Ställ'n, wo Kalb an Kalb und Ochs an Ochse steht,
der sollte dies als himmlische Vergeltung werten -
doch tut er alles, dass es in die Brüche geht.

In einem Augenblick wird dieser Spaß dann enden;
und wenn fürs Leben erst die Mittel sich verliern:
Mit Hosen aus Papier und Schindeln für die Lenden,
so sieht man ihn am End' verhungern und erfriern.

Zu Meister Han Shan ist wer kritisch einst gewesen:
"Der Grundsätze des WEGS sind deine Verse bar -
hab ich bei unsren alten Weisen doch gelesen,
dass ihre Armut ihnen niemals peinlich war".

Mit Lachen konnt er diese Worte nur quittieren:
"Wie leicht gesagt, der du so neunmalklug da bist!
Falls du nach meiner Weise müsstest existieren,
würdst du schon sehn, wie wichtig so ein Groschen ist!"

## 54

Da gibt es solche Spinner, grün und ungeschliffen,
die nichts tun, was von echter Überzeugung spricht,
kaum haben neun, zehn Schriften eben sie begriffen,
da halten sie mit strengem Pinsel schon Gericht.

So über Kongzis "Lebenswandel der Gelehrten",
was nichts als ein Banditenkodex für sie ist -
als "selbstlos" sind sie gut buddhistisch zu bewerten
wie'n Bücherwurm, der andrer Leute Wälzer frisst.

## 55

Wie finster sieht man, wie geheimnisvoll ihn liegen,
den Han Shan, den mit Schrecken jeder nur besteigt -
o seine Seen, die den Glanz des Mondes wiegen,
o seine Gräser, raschelnd in den Wind geneigt!

Noch trägt der dürre Pflaumenbaum des Schnees Blüten,
in kahler Krone wohnen Wolken – Blätter nicht.
Wie rasch verändert alles eines Schauers Wüten!
Zum Gipfel oben kommt man nur bei klarer Sicht.

## 56

Mein Haus, man kann es unter grünen Klippen finden,
der Hof verwildert, weil's mir nicht zu mäh'n gefällt,
und täglich seh ich Ranken neu herab sich winden,
wo jäh der alte Felsen in den Himmel schnellt.

Es kommt manch Affe, um sich Beeren hier zu pflücken,
dem Reiher steht nach Fischen da im Teich der Sinn -
mit Schriften derer, die in ewigem Entzücken,
hock unter Zweigen ich und murmel vor mich hin.

Als blindes Chaos herrschte, ist's uns gut gegangen,
zum Essen gab's kein Loch und keins zum Uriniern -
wer führte bloß die Bohrer, die da in uns drangen,
uns diese Öffnungen ins Fell zu praktiziern?[1]

Wir müssen täglich Kleidung, Speise uns bereiten
und Jahr für Jahr uns mit der leid'gen Steuer mühn -
ach, wie viel Menschen sich um Pfennige gar streiten
und unermüdlich schrei'nd vor lauter Eifer glühn!

---

1 Vgl. Zhuang Zi, VII, 7

## 58

Wenn sie, so Zhuang Zi[1], ihn zur letzten Ruh geleiten,
als Sarg er nur den Himmel und die Erde brauch -
muss ich einst zu den Gelben Quellen schreiten,
dann reichen mir ein paar Bananenblätter auch.

Den grünen Fliegen werd ich meinen Leib vererben -
um freie Vögel Trauerklage tut nicht Not.
Und sollt ich auf dem Shouyang-Berg selbst Hungers sterben:
Wer ohne Fehl gelebt, geht freudig in den Tod!

1 Vgl. Zhuang Zi, XXVII, 20

Vorherbestimmt sind unser Tod und unser Leben,
und Reichtum, Ehre sind vom Himmel uns gesandt -
dies Wort hat einer von den Alten uns gegeben:
0 sei's auch heute noch als Märchen nicht verkannt!

Ein Weiser wird in jungen Jahren ruhig sterben,
nur Narren hält es möglichst lange auf der Welt,
bloß immer Schätze will der Schwachkopf sich erwerben -
wer wirklich durchblickt, hat nicht einen Pfennig Geld.

## 60

Seit ich mich auf den Han Shan einst zurückgezogen,
ernähr ich mich von wilden Früchten mit Genuss,
leb friedlich, da mir alle Sorgen fortgeflogen -
es kommt in dieser Welt, so wie es kommen muss.

Die Tage, Monde, unaufhaltsam sie verfließen,
ach, unser Leben - eines Flintsteins Funkenblitz!
Die Weit verändern? Lasst's euch bitte nicht verdrießen -
derweil zufrieden ich auf meiner Klippe SITZ.

Muss man mich um der Berge Wonnen nicht beneiden?
In Muße wandern und von allen Banden frei...
Wer immer hetzt und hastet, wird am Ende leiden,
ruht erst das Herz, ist's auch mit allem Tun vorbei.

Bisweil'n lass ich von alten Sutren mich entzücken,
steig manchmal auf, zum Felsenschloss mich zu geselln,
um in die Schluchten, tausend Klafter tief, zu blicken,
da Wolken wirbelnd über mir ins Blaue schwelln.

Und dann ein kalter Mond, des eis'gen Windes brausend Lied -
dem Kranich bin ich gleich, der einsam in die Ferne zieht.

## 62

Die Leute fragen, wo der Han Shan-WEG zu finden.
Zum Han Shan-Berg? Da gibt es keinen Weg hinauf.
Da sieht man spät im Sommer selbst das Eis nicht schwinden,
blass wie der Mond geht da im Dunst die Sonne auf.

Und wenn sie fragen, warum mir es dann gelungen?
Nun ja, ich richt' auf anderes als ihr den Sinn -
wärt von den gleichen Dingen ihr wie ich durchdrungen,
wärt ihr gewiss schon bald genau, wo ich jetzt bin.

## 63

Hoch im Gebirg, im schroffen, weiße Wolken eilen,
des Sees saphirne Weite leicht von Wellen schwingt -
von dorther hör den alten Fischer ich bisweilen,
wie stakend zum Geräusch er seiner Stange singt.

Und wieder, wieder - ach, ich kann's nicht mehr ertragen,
so viel Erinnerungen werden traurig wach!
Wer sagt denn, einem Spatzen würd ein Horn nicht ragen?'
Da seht doch, wie er grad ein Loch mir bohrt ins Dach!

---

1 Vgl. Shijing ("Buch der Lieder"), Shao Nan 6-2

## 64

Im letzten Frühjahr, als die Vögel zu vernehmen,
wie wehmutsvoll ich meiner Freunde mich entsann,
und jetzt im Herbst, verwelkt sind fast die Chrysanthemen,
kommt die Erinn'rung mich an meine Jugend an!

Die grünen Wasser hört man allerwärts sich rühren,
der gelbe Staub, er wirbelt rings im flachen Land -
muss ich denn immer, immer solche Sehnsucht spüren
und an die alte Hauptstadt denken unverwandt?

## 65

Tief im Gebirge, was für eis'ge Temp'raturen!
Und das seit Zeiten unvordenklich, Jahr für Jahr.
In Schnee erstarrt der Gipfel kantige Konturen,
aus düstren Wäldern wallen Nebel immerdar.

Die Gräser sprießen erst, wenn' s aus ist mit den Ähren,
die Blätter fallen schon, bevor der Herbst anbricht -
wenn einmal Wanderer, die sich verirrt, hier wären,
sie könnten spähn und spähn und sähn den Himmel nicht.

66

Wie seltsam ist der WEG zu diesem Berg, dem Kalten:
Von Pferd und Wagen nirgends auch nur eine Spur,
und schwer, dies Labyrinth von Schluchten zu behalten:
Es ragen, unabsehbar, steile Wände nur.

Auf allen Gräsern sieht man Tränen Taues liegen,
und in den Kiefern hört man, wie er stöhnt, der Wind -
hab mich verirrt, von meinem graden Weg verstiegen,
nun fragt der Leib den Schatten, dass er weiterfind.

So will ich denn nun einmal tüchtig Ausschau halten -
in grenzenloser Weite weiß Gewölk zu sehn,
der Kräh'n und Eulen satt-behäbige Gestalten,
da Phönixvögel, ach, vor Hunger fast vergehn.

Und edle Pferde, die in öder Steppe schweifen,
indes der Esel Futter an der Krippe kriegt -
des Himmels Wege sind so wenig  zu begreifen
wie'n Spatz, der über endlos graue Wogen fliegt.

Nur immer schweigen, nie sich an Gesprächen laben -
wie kann man so die Nachwelt denn mit Stoff versehn?
Fern von der Welt im allertiefsten Wald vergraben -
wie sollte einem jemals da ein Licht aufgehn?

Man kann nicht stark sein, wach, mit ausgezehrten Zügen:
Ein frost'ger Wind, er macht dich krank, rafft dich dahin.
Mit irdnen Ochsen geh den stein'gen Acker pflügen:
Auf diesem WEGE winkt dir nie der Frucht Gewinn.

## 69

So einsam SITZEND, will mir doch nicht Ruhe werden -
wie lange währt sie noch, die Weltlust und - begier?
Nichts als der Berg und Wolken weit und breit auf Erden,
der Wind, er heult und pfeift im Abgrund unter mir.

In Wipfeln, wogend, seh ich Affen balancieren,
mit schrillem Schrei entflieht ein Vogel in den Wald.
Der Sturm der Zeit ließ mählich mich mein Haar verlieren.
Das Jahr zu Ende. Ich: Enttäuscht, verbittert, alt.

70

Der Han Shan-WEG heißt: Tiefe Finsternis durchdringen
und dass des alten Bergbachs Saum vor Steinen starrt;
dass man die Vögel ringsum zwitschern hört und singen
und nicht ein Mensch in dieser Öde hier verharrt.

Wie brennend, beißend wühlt der Wind mir in den Zügen,
in irrem Wirbel hüllt der Schnee mich völlig ein!
Ach, morgens muss ich ohne Sonne mich begnügen,
und niemals kann ich einmal mich des Frühlings freun!

## 71

Vorzeiten hörte ich vom Tiantaishan erzählen,
dass einen Schatz' er berg, ein Bäumchen von Demant -
schon immer wollt den Weg zu ihm hinauf ich wählen,
allein die Felsenbrücke dorthin niemals fand.

0 wie viel Schmerzen, Seufzer mir daraus entstehen -
bald ist die Frist, des Lebens sich zu freun, passé!
Als ich im Glas des Spiegels heute mich gesehen,
da warn die letzten Haare, ach, so weiß wie Schnee!

---

1 Schatz, Edelstein, Juwel, Perle usw. sind Sinnbilder des Buddha-Wesens.

Wie trübe ist das alte Jahr dahingegangen,
und jetzt bei Lenzbeginn, wie frisch die Welt erglänzt!
Die grünen Wasser ganz mit Blumen überhangen,
die fernen Gipfel bläulich von Gewölk bekränzt.

Die Bienen spiel'n und Schmetterlinge traumverloren,
der Vögel und der Fische Freude kann ich schaun.
0 wär mir wer zum Kameraden doch erkoren!
Im Bett wälz ich mich schlaflos bis zum Morgengraun.

Vom WEGE hör'n soll Leid und Trübsal dir verjagen -
das ist ein Wort, das leider leeres Stroh nur drischt:
Erst gestern morgen ledig allen Kummers Plagen,
hat es mich heute, ach, schon wieder voll erwischt.

Am Monatsende war davon nichts zu entdecken,
doch bringt mir Sorgen, Sorgen nur das neue Jahr.
Wen wundert's - sieht man unter diesem Hut doch stecken
denselben Miesepeter, der da immer war!

## 74

Ich hause auf dem Berg, ein kummervolles Wesen,
das traurig seiner Jahre, der fliehenden, gedenkt.
Geh für den Trank des Lebens fleißig Kräuter lesen,
doch all dies Suchen, ist es letztlich nicht verschenkt?

Da schon der Vorplatz - wie die Wolken ihn verhüllen,
wie auf den Wald der Glanz des vollen Mondes fällt!
Ich kehr nicht heim - was soll ich hier um Gottes willen?
Der Zimtbaum ist's, der immergrüne[1], der mich hält.

1 Der immergrüne Zimtbaum als Symbol der Unsterblichkeit.

## 75

Nicht einer von des Altertums berühmten Weisen
hat ew'ges Leben an sich selber uns erhellt -
geboren, wandelt jeder in des Todes Gleisen,
bis er zu Asche wieder und zu Staub zerfällt.

Es häufen sich zu ries'gen Bergen die Gebeine,
zum Ozean die Tränen, die dem Grab geliehn.
Was bleibt: ein bloßer Name, die Person zum Scheine -
wer könnt dem Kreis von Werden und Vergehn entfliehn?

Heut ging ich vor die Felsenklippe meditieren
und blieb so lange, bis der Dunst verflogen war -
ein grader Weg, des kühlen Bächleins Oszillieren,
achttausend Fuß der jadegrünen Gipfel Schar.

Im milden Frühlicht seh ich weiße Wolken ziehen,
des Nachts den Mond , wie er im Glanze schwebt dahin.
Von Wünschen, Wollen ist mir Freiheit nun geliehen -
wie könnte Kummer jetzt noch trüben meinen Sinn?

Nur weiße Wolken überm Han Shan sich verlieren,
der still und fern des Irdischen enthoben thront.
Ich hock auf Stroh im Hüttchen, um zu meditieren,
als Lampe hab ich bloß den lichten, vollen Mond.

Ein Felsenlager, das an grünem Teich gelegen,
wo dich als Nachbarn Tiger nur und Hirsch beehrn -
will freudig wer ein solches Klausnertum erwägen,
der Scheinwelt muss für immer er den Rücken kehrn.

## 78

Mein Sinn, er will mir wie der Herbstmond nun erscheinen,
der ungetrübt sich spiegelt in smaragdnem Teich.
Ach was, selbst dieses Beispiel gilt es zu verneinen -
wie sagen, was doch ohne jeglichen Vergleich?

Mal steig ich in die Schlucht hinunter,
gespiegelt dort im grünen Bach,
sitz auch entrückt am Grat mitunter
auf einem mächt'gen Felsendach.

Der Wolke, einsam, gleicht mein Sinnen,
an keinem Orte hält es still.
So weit liegt nun der Welt Beginnen -
was braucht's noch, dass ich wünsch und will?

## 80

Wo tausend Wasser strömen, tausend Wolken schweifen,
hat ein Poet sein' Frieden mit der Welt gemacht.
Des Tags sieht man ihn über blaue Berge streifen,
am Fuß der Klippe schläft er, wieder heim zur Nacht.

Indes sich Lenz und Winter raschen Flugs vermengen,
trotzt er in aller Ruhe der Vergänglichkeit -
wie wunderbar es ist, an nichts sein Herz zu hängen,
das wie der Strom so still, die Flut zur Herbsteszeit.

Erblickte gestern einen Baum am Fluss: Dermaßen
zerschlagen war derselbe, ganz und gar zerfetzt,
dass zwei, drei Äste ihm nur noch am Stamme saßen,
von ungezählten Hieben einer Axt verletzt.

Die welken Blätter waren ihm im Frost gefallen,
die Wellen schlugen an die morschen Wurzeln an.
So geht es einmal allen Lebewesen, allen -
darum der Welt, wer will, von Herzen fluchen kann !

Wünschst du aus tiefstem Herzen einen WEG-Gefährten,
dann sei gewiss, dass dir ein solcher gar nicht weit;
triffst Wandrer du, die lange schon des Quells entbehrten,
empfang zu würdigem Gespräch sie jederzeit.

Sprecht vom Geheimnis, bis die Nacht in Mondeshelle;
bis in den Morgen forscht, auf welchen Säul'n es ruht -
dann fort mit dieser Fülle der Vergeltungs-Fälle,
des Menschen Wesen – dieses nur begreift mir gut!

Noch viel, viel höher als die Gipfel rings im Kreise
spannt sich der Himmel, ganz egal, wohin man blickt.
Ich SITZE hier, von aller Welt verlassen, Waise,
da mir der Mond aus klarem Quell sein Antlitz schickt.

Im Wasser kann er nur sein Bildnis uns gewähren,
er selber zeigt sich hoch am schwarzen Firmament.
Dies Liedchen hier, ich sing es gerne euch zu Ehren,
es schließt indes nicht ein, was man Versenkung nennt!

## 84

Willst friedlich leben und dass niemand je dich finde?
Was gab es Bess'res, als zum Han Shan hier zu ziehn?
In dunklen Föhren gehen säuselnd sanfte Winde,
da hör doch, hör: die allerschönsten Melodien!

Es hockt mit weißem Haupte jemand untern Bäumen,
und murmelnd liest von Laozi er und von Huang Di.
Zehn Jahre mag er heimzukehren nun schon säumen,
den WEG vergessend, der ihm einst die Richtung lieh.

Am Anfang hieß er Himmel sich und Erde teilen,
dann gab dem Menschen er dazwischen seinen Ort.
Uns zu verwirr'n, ließ Nebel er aus sich enteilen,
blies, dass wir wieder klar sehn, sie durch Winde fort.

Will er uns schonen, schenkt er Güter viel und Ehren,
will er uns schaden, schickt er Armut und Verdruss.
O Volk von Han, das sich so plagt, um sich zu nähren:
Es kommt doch so, wie's nach dem Höchsten kommen muss!

*Von Kindheit an die Nachbarn andernorts nicht kennen*
*und bis zum Tode nicht, was Sitte und was Pflicht -*
wenn wir uns in den bloßen Wortlaut hier verrennen,
ist's bald nur Falschheit, die uns aus dem Busen spricht.

So Sprüche lassen einen kleinen Weg erst schimmern,
doch den der großen Lügen auch entstehn im Nu.
Wer sich mit Heuchelei 'ne Sturmleiter will zimmern,
nimmt Äste wohl mit spitzen Dornen nur dazu.

Was glaubt ihr? Dass mein Wille einfach aufzurollen?
Ihr habt's doch mit 'ner Binsenmatte nicht zu tun!
Ich ging, in diesen tiefen Bergwald mich zu trollen,
um einsam auf dem Hang, den Felsen auszuruhn.

Nun kommen diese Brüder, um mich zu beschwatzen
und bieten Jade mir fürn Amt und bieten Gold!
Doch Wände anzubohr'n, um Unkraut reinzusetzen[1] -
kann mir wohl jemand sagen, wem das nützen sollt?

1 Vgl. Zhuang Zi, XXIII

Die Zeichen hießen mich in Felsenklüften wohnen
dem Vogel gleich, dem man nicht nachzuspüren geht.
Was wird ein Blick euch jenseits meines Hofes lohnen?
Nur dunkle Klippen, die von Wolken weiß umweht.

Wie viele Jahre mag hier oben ich schon leben?
Den Frühling sah ich oft, wie er zum Winter ward.
Ach, sagt den Leuten, die mit Glanz sich gern umgeben,
der Ruhm der Welt, der eitle, sei nicht meine Art!

Lernt heute jemand mich, den alten Han Shan kennen,
wird ihm gewiss verrückt erscheinen, was ich treib.
Mein Äuß'res ist nicht grade attraktiv zu nennen,
nur Flicken hängen ringsherum mir auf dem Leib.

Was ich erzähle, können andre nicht begreifen,
und wo sie reden, nun, da schweig ich lieber still.
Ihr, immer emsig, überall herumzuschweifen:
Gibt's keinen, der mal hier zum Han Shan kommen will?

## 90

Da war mal so'n Professor, Wang hieß der mit Namen,
wie lustig machte der sich über meine Kunst:
„Von "Wespentaille" nie gehört in diesem Rahmen,
und auch von "Kranich-Knie" nicht den geringsten Dunst?

Von Versmaß keinen Schimmer und von solchen Sachen,
reihst du die Worte einfach, wie's dich richtig dünkt."
Na, dichte DU, ich würd gewiss nicht wen'ger lachen:
Wie'n Blinder wär das ja, der von der Sonne singt!

Ihr Weisen, gut, habt mich verbannt aus euren Welten -
ich lass euch Narr'n in meine doch nicht minder ein!
Mag nicht als Tor und mag auch nicht als Weiser gelten,
drum woll'n von nun an wir geschiedne Leute sein!

Am Abend will ich für den Mond, den hellen, singen,
mit weißen Wolken tanzen bei des Tags Beginn -
wie könnt ich Lippen, Füße stillzuhalten zwingen,
wie immer SITZEN, bis ich kahl geworden bin?

## 92

Seit ich zum Han Shan hier gekommen:
Nichts von der Welt Geschäftigkeit.
Gedanken, wirr, sind mir genommen,
von Zweifeln ist mein Herz befreit.

In schönstem Seelenfrieden schreiben
Gedichte auf der Felsen Rot.
Die Dinge lassen. Einfach treiben
wie ohne Leine treibt ein Boot.

War stets bequem und unbekümmert um das Morgen,
tat nur, was ich mit ein'ger Leichtigkeit ertrug.
Soll'n andre um Geschäfte sich und so was sorgen,
ich habe völlig an der einen Schrift genug.

Allein, warum in Stoff und Spule sie noch binden,
um sie auf Schritt und Tritt zu zeigen jedermann?
Sie weiß für jedes Leiden uns Arznei zu finden,
genau das richt'ge Mittel, das uns retten kann.

Wenn wir erst lernen, von Gedanken abzusehen,
was kann uns dann noch hindern, alles zu verstehen?

O dass die Menschen doch in diesem flücht'gen Leben
auf rechte Art die Zeit zu nutzen nicht verstehn!
Wie ruhelos sie Tag für Tag nur streben, streben,
nicht merken, wie dem Alter sie entgegengehn!

Auf Kleidung sind sie immer nur erpicht und Essen,
und dabei steht der Ärger ihnen meist bis hier:
Jahrtausende sind ihnen drum auch zugemessen,
da sie als Teufel hausen müssen oder Tier.

Als würd man sich zu seiner Mahlzeit Kiesel brühen
und, wenn man Durst hat, einen Brunnen graben gehn:
'Nen Ziegel zu poliern, kannst du dich noch so mühen,
es sah noch niemals wer 'nen Spiegel draus entstehn..

Hat Buddha nicht gesagt, wir sei'n ihm gleich zu schätzen,
besäßen immer schon die göttliche Natur?
Die Menschen, ach, sie denken nur in Gegensätzen,
sie streben und sie streiten sich in einer Tour!

Mein Haus kann nicht mit bunt bemaltem Dache prangen,
im grünen Wald nahm Wohnung ich vor langer Zeit.
Das Leben, ach, wie rasch ist es dahingegangen,
doch noch nicht Schluss mit seinem ew'gen Widerstreit.

Den Strom zu quer'n, reicht nicht des Bambusfloßes Stärke,
pflückst du die Blüte, reißt es dich in Wirbeln fort!
Schon heute gilt es auszusäen gute Werke:
Wie willst du sonst die Knospen sprießen sehen - dort?

## 97

Hier auf dem Han Shan, auf dem Kalten Berg zu Hause
seit vielen, vielen Jahren ich inzwischen bin.
Wie's mir bestimmt, zog ich in diese Waldesklause
und bring in stiller Andacht meine Tage hin.

In diese Höh verirrt sich keine Menschenseele,
mit weißen Wolken immer bin ich nur auf Du.
Zum Lager nächtlich ich die weichen Gräser wähle,
als Oberbett deckt mich der blaue Himmel zu.

Den Kopf bequem auf einen Brocken Fels gelegt,
lass ich die Welt so gehn, wie sie zu gehen pflegt.